Irgendwo Dazwischen

Felix Hahn

AF186775

Für Antje

Vorwort

„Mit Abstand betrachtet, ist alles halb so wild."

Unter diesem Aspekt ist dieses Büchlein entstanden. Zwei Jahre nach dem Vorgänger und gut anderthalb nach dem ich das letzte Mal etwas zu Papier gebracht habe.

Mit Abstand betrachtet, hat jedes Wort, jeder Satz, seinen Sinn und seine Richtigkeit.

Mit Abstand betrachtet, würde ich heut Vieles davon anders oder gar nicht schreiben. Aber darum geht es nicht. Jedes einzelne Wort hat mir in gewisser Weise geholfen, mich wieder zu finden und den Kopf frei zu bekommen.

Mit Abstand betrachtet, ist Abstand das Beste, um Abstand zu bekommen!

Einleitung

U-Bahnfahren

Worüber soll man schreiben, wenn einem im selben Moment alles und nichts gleichermaßen häufig und nicht durch den Kopf geht? Was ist wichtig, was ist es nicht? Lässt sich alles wirklich nur darauf reduzieren, oder ist da doch noch so viel mehr? Wie eigentlich immer, wenn man genauer hinsieht. Die Kleinigkeiten, die Momente. Die Augenblicke, die einem nach Jahren noch so präsent sind, als wären sie gerade erst passiert. Ergibt das sinn? Vieles ist mittlerweile auch verschwommen, verdrängt und vergessen. Manches nicht. Es bleibt spannend. Renn ich weg oder darauf zu? Und wenn, wo vor oder worauf?

Mir gehen so viele Dinge, Fragen durch den Kopf. Womit beschäftigt man sich als Erstes? Und danach?

Ich weiss nicht mehr, warum wir damals Händchen hielten, doch den Moment an sich, seh ich deutlich vor mir. Für jeden einzelnen dieser Momente hab ich einen Anker, ein

Etwas, das damit verbunden ist und mich immer wieder dahin zurückbringt.
Ein Gedicht, ein Lied und so Vieles mehr. Ein Strauß Blumen, ein bestimmter Ort…

Vielleicht sollte ich mich einfach glücklich schätzen, so viele Momente gehabt zu haben.

Ich bin gespannt… Und schon bin ich wieder bei Blake, Oliver oder nein, bei Clare - Wahnsinn! Selten was besseres gelesen.

Ist Zufall wirklich Zufall oder nur ein Wort, das irgendwer irgendwann irgendwo erfunden hat um zu beschreiben, was er in diesem Moment nicht im Stande war zu beschreiben? Gibt es ihn? Es gibt so unwahrscheinlich Vieles, worüber man sich Gedanken machen kann, könnte, sollte, müsste. Muss man?

Stille kann so befreiend sein!

Der Moment, in dem einen die Leute in der U-Bahn um einen herum fragend anschauen, weil man ohne ersichtlichen Grund einfach anfängt zu lachen, weil man im Kopf mal wieder ganz woanders ist und sich am meisten über sich selber freut… Unbezahlbar!

Es gibt so viele Gründe, etwas zu oder nicht zu tun. Etwas anders, aus den falschen richtig oder den richtigen Gründen falsch zu machen. In der Regel passiert nichts, zu viel oder zu wenig, anders. Wie auch immer…

Your Lucky Day in hell - Eels
Super Song - Wahnsinns Album!

Keine Ahnung, in welchen Sinnlosigkeiten ich mich das nächste Mal verliere. Ist auch egal, hier muss ich raus… Bis bald.

Anfang

Irgendwo dazwischen
Liegt die Antwort zur Frage
Irgendwo dazwischen
Macht Eines von Beidem auch Sinn

Irgendwo dazwischen
Werd ich irgendwann stehen
Irgendwo dazwischen
frag ich mich, wo ich bin

Irgendwo dazwischen
Werd ich finden, was keiner sucht
Irgendwo dazwischen
Verliert das Rad keine Luft

Irgendwo dazwischen
Passt vielleicht noch was rein
Irgendwo dazwischen
Wird das Problem, die Lösung sein

Irgendwo dazwischen
Stand sie plötzlich da
Irgendwo dazwischen
A-N-N-A

Irgendwo dazwischen
und *Bis nach Toulouse*
Irgendwo dazwischen
Hinterlass ich dir einen Gruß

Irgendwo dazwischen
Hör ich im Kopf dieses Lied
Irgendwo dazwischen
Bewegt sich alles zum Beat

Irgendwo dazwischen
Werd ich nackt mit dir tanzen
Irgendwo dazwischen
Liegen die Teile zum Ganzen

Vor drei Stunden noch,
da hätte ich gesagt:
„Was bin ich froh,
dass ich dich nicht mehr hab!"
Jetzt, drei Stunden weiter, ganz bei mir.
Der Dachs und du sind nicht mehr hier.

Kann nur noch sagen:
„Danke Mo, für diesen Song!"

Verdammter Scheiß,
mal ganz im Ernst.
Meine Heimat,
meine Heimat ist dein Herz.

Zwischendrin und drüber, immer drauf,
bist meine Droge, was ich brauch.
Bin süchtig nach dem Duft,
den du hinterlässt,
jedesmal,
wenn du mich verlässt.
Nach dem Lächeln, das du lachst,
nach dem, was es mit mir macht.

Wollen wir f***** oder einfach schlafen?
Was für'n Schwachsinn, diese Fragen.
Hass dich so, wie ich dich lieb.
Was hass ich dieses Lied.

Zwischendrin und drüber, immer drauf,
bist meine Droge, was ich brauch.
Bin süchtig nach dem Duft,
den du hinterlässt,
jedesmal,
wenn du mich verlässt.
Nach dem Lächeln, das du lachst,
nach dem, was du mit mir machst…

…wenn du bleibst, wenn du gehst,
wenn die Zeit nicht vergeht.
Dieser Augenblick der Schwäche,
indem wir allein,
diesen Moment mit uns teilen.

Verkatert am Morgen
Und am Abend danach
Will ich denn noch wissen
Wie der Abend denn war

Schatten werfen Schatten
Wenn die Richtung nur stimmt
Bin selten allein
Je nach dem, wie die Sonne grad fällt

3 Millionen um mich rum
Alles laut, schnell und bunt
Sonne bricht sich durch Wolken
Fühl mich wie ein Kind

Aus 3 werden 6
Dann 9 und dann 12
Es fängt an zu regnen
Regen baut mir ein Zelt

Manchmal
Wenn ich nich ganz klar war
Fällt mir wieder ein
Das ich im Grunde
Sowieso
Nur das Eine wollte
Auch wenn ich´s lieber lassen sollte

Weiss
Das mich keiner brauch
Zum
Kann´s nicht artikulieren
Was bin ich froh
Das ich dich
Im Nebel sehen konnte

Neuer Mut zur Traurigkeit
Lass alles sein
Weniger als kein Licht
Am Ende dieses sprichwörtlichen Tunnels
Irgendwer wird schreien
Noch weniger als Nichts
Was zum Glücklich-sein nicht fehlt
Und es wird Zeit
Zu sein
Was ich heute noch nicht bin
Und dem Grunde nach doch kann
Nur die eine Frage
Die mich treibt, ist mir nicht klar
Bin ich
Wenn ich hier bin denn schon da

Würd dir gern so Vieles sagen
Jetzt, wie wir hier sitzen
Bleibe stumm

Würd dich gern in meinen Armen halten
Jetzt, wie wir hier stehen
Bin wie gelähmt

Würd so gern die Zeit für uns verschieben
Jetzt, wo wir uns sehen

Ist mir nicht möglich auch nur irgendwas zu
tun

Es liegt bei dir

Wenn einfach
Nicht mehr nur einfach ist
Fällt´s allmählich und langsam und
zunehmend schwer
Zu verstehen
Was das
Denn überhaupt bedeuten soll

K(l)eine Liebeslieder über nichts
Alles ist perfekt
In sich
Nimm's mit
In´s gläserne Kartenhaus
Wo alles traumhaft schön
Und unsichtbar ist

Dorthin
Wo alles nochmal
Von vorn
Und beginnt

Alles brennt
Lichterloh
Wunderschön
Sind uns selbst fremd
Wenn wir in den Spiegel sehen

Alles brennt
Nichts tun ist schön
Sich stehend bewegen
Nicht wissen wohin

Lass dich endlich gehen
Wirf den ersten Stein
Und alles um uns rum
Fällt so wunderbar
Das Kartenhaus stürzt ein

Meine Gedanken
Rasen
Viel zu schnell
An mir vorbei und vor mir her
Ohne zu halten und ohne mich zu fragen
Wie´s mir dabei geht

Von vorn und bis hinten
Sich wieder im Kreis
Um sich selbst
Ganz langsam und leise
Und dann wieder laut
Gedreht

Bis ich nicht mehr weiss
Wo vorn und wo hinten
Wo oben und unten
Denn eigentlich sind

...

Im Grunde weiß ich
Das ich ab und an
Und auch nur dann
So ziemlich gar nichts
Und auch nicht mehr weiss
Als sonst

Und wenn ich dann
So halb trocken und nass
Hier im Regen rum steh
Stell ich mir die Frage
Geh ich, lauf ich oder renn ich
Oder bleib ich doch lieber stehen

Kann man überhaupt vermissen,
was man noch gar nicht kennt?
Kann einem denn schon fehlen,
was man noch nicht verloren hat?

Sind die Teile eines Ganzen,
zwangsläufig genau das?
Oder doch nur offene Fragen,
weil keiner eine Antwort hat?

Wird aus heute auch mal morgen,
wenn die Erde weiter dreht?
Ist der vor mir im Spiegel,
auch der, der vor ihm steht?

Wie viele Seiten hat ein Buch,
das keiner kennt und niemand schreibt?
Wie lange braucht man, es zu lesen,
wenn dem Ende doch kein Ende bleibt?

Warum sind all die Bahnhofshallen leer,
wie vor mir dieses Blatt?
Wenn der Stille folgend dort,
der Anfang seinen Anfang hat?

Rastlos und genauso belanglos
sind meine Gedanken.
Von Wahrheit und Klarheit so weit entfernt,
dass kein Maß es zu messen vermag.

Wo ist der Anker,
der mein Schiff vorm Stranden bewahrt?

Ebbe und Flut,
meine täglichen Begleiter.
Zu gleichen Teilen,
zur gleichen Zeit.

Wo ist der Wind,
der mein Schiff auf Kurs bringt und auch hält?

Dinge ändern sich
Manchmal zum Guten
Manchmal auch nicht
Ein kleines bißchen Sternenstaub
Ein winzig kleiner Augenblick
Deiner Nähe
Ist größer
Als jedes Wort für Glück

Hab ich vergessen,
all die kleinen Augenblicke,
den Moment, die Zeit,
in der sich beide um sich selber drehen?
Hab ich vergessen,
den Moment im Augenblick
und die Schönheit in sich selbst zu sehen?

Muss ich finden,
was zu finden sich noch lohnt,
oder doch nur auf die Stimme hören,
die tief im Innersten mir wohnt?

Will ich,
noch einmal diese Angst überwinden
und dann fallen?
Muss ich,
noch einmal diese Schmerzen spüren
und schreien?

...

Das Problem war doch schon immer,
dass das Problem, im Grunde,
nie ein Solches war.
Und wenn ich mal ehrlich sein soll,
bin ich nur noch genervt und gelangweilt
von dem ganzen Scheiß.

Stell dir vor
Die Welt
Wär morgen nicht mehr rund
Und stell dir vor
Es gäb´
Für´s Glücklich-sein ´nen Grund
Stell dir vor
Wie säh´ das aus
Wenn du und ich
Und ich und du
Zusammen fänden
Was keiner von uns sucht

Und ich google nach Gründen
Um nicht mehr
Oder viel mehr
Weiter zu gehen
Und weisst du
Wie verdammt verrückt es ist
Wenn nach all der Zeit
Nicht mehr nur nichts da ist
Wenn zu viel
Von heut auf morgen
Viel zu wenig ist

Und es verändert alles
Und ich bin endlich wieder wach

Jedes Mal, wenn wir uns sehen und
miteinander reden
Uns so nah sind, dass ich diese, deine Nähe
spür
Kennst du das
Traurig schön dieser Moment und
unbeschreiblich
Wenn die Leere, der Erkenntnis weicht
Keine Fragen und keine Antworten mehr
Kein Suchen und Finden
Kein Glauben und Hoffen und Sehnen
Nur du, nur ich
Jeder für sich
Und wieder interessant
Was am Ende keinen Anfang fand

Kennen uns schon was länger
Doch lernen uns gerade erst kennen
Und die Nacht ist schon alt
Und der Tag noch ganz jung
Seit Stunden am Tanzen
Drehen wir unsere Runden
Um diesen Moment
Hier und jetzt
Der in nicht ganz 3 Sekunden
Uns die Ewigkeit ersetzt

Will nichts wollen und nichts wissen
und dabei, doch so vieles sein
Für dich, für mich
Kapstadt und New York

Zehn Jahre, sind auch nur ein Moment
Und mittendrin und nebenbei
Kommt Eins zum Andern und zum Nächsten
Die nächsten Zehn
Ein Wimpernschlag
Vorbei

Meilenweit entfernte Orte
Von und bis und zwischen
Dir und mir
Kapstadt und New York

Wie viel Zeit,
Kann zwischen zwei Momenten sein?
Wie viel Platz,
Braucht Luft zum Atmen?

Kann die Welt ein Sandkorn sein(?)
Passt in vier Wände,
Nur ein einziger Gedanke rein.?

Es tickt und es klopft,
es vibriert und es pocht...
Wenn ich dich seh,
ist alles andere nur noch Rauschen.
Dein Lächeln ist der Wind,
der mich wie Herbstlaub im Frühling,
an unbekannte Orte bringt.

Und das mit dir...

Kann man das überhaupt so nennen, gibt´s denn hier überhaupt ein "*mit*"? Ich weiss es nicht. Einer dieser Tage, an dem nichts einen Sinn zu ergeben scheint, ich mich einsam und leer fühle. Warum das so ist? Wenn ich darauf eine Antwort hätte, würde ich wahrscheinlich nur halb so viel darüber schreiben und vielleicht sogar etwas dagegen tun. Vielleicht aber auch nicht. Wie auch immer, die Erfahrung zeigt, dass morgen schon, alles wieder anders ist und dieser stechende Schmerz, dass Gefühl, keine Luft zu bekommen, bis zum nächsten Mal in den Hintergrund rückt und Platz macht. Platz für Etwas, von dem ich heute noch keine Ahnung hab. Vielleicht für dein Lächeln, vielleicht auch nicht. Morgen werd ich´s wissen.

Was steht für den Beginn von Etwas,
was für Zukunft und Morgen?
Was steht für Damals und Gestern und War?

Ach, gäb´s doch Herbstlaub im Frühling.
Eine Wiese und ein Baum.
Im Rücken die Sonne und Morgen.
Vor mir Gestern und Licht.
Licht, dass sich in Schatten bricht.

Melancholie, mit und ohne Traurigkeit.
Ein Auge, dass lacht
und eins, dass nicht weint.

Seh Wolken, wie Bilder vor mir rüberziehen
und setz die Sonnenbrille auf.
Spür die Sonne im Nacken und dreh mich um,
dreh mich um und lauf los.

Diese Stadt, diese Nacht,
dass Gefühl, dass nichts passt.
Atmen fällt schwer, Licht ist aus,
fang an zu tanzen, dreh mich im Kreis.
Musik wird ganz leise, Gedanken sind laut,
weiss nicht, wie es kommt,
doch das Salz in den Wunden,
wie Schnee im Frühling,
dass Salz in den Wunden,
löst sich langsam auf.

Ich werd mich für immer erinnern, wie es war, dich zu lieben und zu hassen, dich zu versuchen zu halten und dich gehen zu lassen. Wie könnt ich auch vergessen, den schönsten und den schlimmsten Tag?

Du bist der Moment, in dem ich mich verlier, wo Grenzen verschwimmen und die Zeit alle Wunden heilt. Du bist der Augenblick, in dem Atmen so schwer fällt wie Fliegen und so leicht. Du bist mein Licht, wenn in mir und überall um mich herum, die Dunkelheit einbricht.

Und immer, wenn´s mir schlecht geht, werd ich an dein Lächeln denken, an die Art und Weise, deinen Blick. Weiss nicht, ob ich verdient hab, wie du mich mit deinen Augen und deinem kleinen Herzen siehst. Kann nicht in Worte fassen, wie glücklich und wie dankbar, ich darüber bin, dass es dich gibt, du mir, in meinen dunkelsten Momenten, Licht und Hoffnung bist.

Es könnte so leicht sein, wär da nicht immer diese kleine, verfickte Stimme im Kopf, die ständig und zu den unpassendsten Momenten mit einem dieses *Was-wäre-wenn-Spiel* spielt. Und ich frag mich, ob sie das Einzige ist, was uns noch zusammen hält, ob es ausreicht, dass zu tun, was ich tue. Ich kann nur versuchen, dass Beste für sie zu sein, dass ich sein kann. Es ist erstaunlich, wie sehr es einen doch verändert, was plötzlich alles unwichtig wird und in den Hintergrund rückt. Und ich muss, die Zeit läuft unaufhörlich weiter, sie wird mich nicht immer bedingungslos lieb haben.

Es ist leicht, sich im Kopf die denkbar schönsten Momente auszumalen, von Dingen zu träumen, die nicht oder in Wirklichkeit nicht so sind, sich eine Scheinwelt zu erschaffen und immer tiefer und tiefer darin zu verlieren. Was wir dabei gerne vergessen, ist, dass wir am Morgen danach, wenn der Nebel verflogen ist, aufwachen und wieder im Hier und Jetzt stehen und damit klarkommen müssen. Warum also flüchten wir uns an Orte, von denen wir wissen, dass es sie nicht, nicht mehr oder auch nie geben wird? Ist das der sprichwörtliche Strohhalm, ist das Hoffnung oder doch nur der traurige Versuch uns selbst zu täuschen?

Ganz ehrlich? Ich hab keine Ahnung, ob es das Beste war, was mir passieren konnte, oder ob ich mich einfach weiter und weiter um mich selbst und den immer gleichen Gedanken, bis zum Ende hin im Kreis drehe und irgendwann verstehe, dass egal, wie auch immer man es nennen mag, auch wenn man es auf das reduziert, was es wirklich ist, dass am Ende, wenn *Alles* und *Nichts* gleichermaßen egal und eben das auch nicht sind, dass dann und eigentlich auch immer schon, dass *gehen fliegen* und *leben tanzen* heißt.

Ich hab Bock, lass´ tanzen gehen!

Ich frag mich immer, wovon die Leute reden, wenn man sich mit ihnen über Beziehungen, Liebe und Gefühle unterhält. Manchmal scheint es mir, als wäre es eine neue Sportart, sich so oft wie möglich neu zu binden und zu „verlieben". Aber vielleicht versteh ich auch einfach nur nicht, was mir da erzählt wird, oder verbinde mit den Worten, die ich höre, einen anderen Inhalt als mein Gegenüber. Wenn ich von Liebe, von Gefühlen spreche, spreche ich nicht von chemischen Prozessen, die in mir von statten gehen, wenn ich eine attraktive Frau sehe und mit ihr ins Gespräch komme. Wenn es danach geht, hab ich mich in jede Frau, die ich je kennengelernt habe, für wenigstens zehn Minuten verliebt. Nein, ich spreche von diesem Gefühl, dass einem bleibt, wenn man wieder geht, wenn man schon lange wieder für sich alleine ist und doch irgendwie auch nicht.

Machst die Tür zu
Schließt dich ein
Versuchst zu vergessen und vergisst
Das du zwar da
Doch nicht ganz bei dir bist

An diesem Ort entstehen Welten
Verbinden sich Bilder zu Momenten
Werden Sekunden gleich zu Stunden
Und Tag ist Nacht und Traum Gestalt

Hier ist immer alles möglich
Kann kommen und gehen, ganz wie ich will
Schier unendlich variabel ist hier Zeit
Solang ich schlaf, ist das hier Ewigkeit

Scheint auch alles noch so schwer
Halte ich mich daran fest
Das auch wenn die Uhr kaputt ist
Sie mich zwei mal täglich
Einen vollkommenen Moment sehen lässt

Kennen uns nicht
und sind uns doch
irgendwie vertraut.
Kommt mir ab und an vor,
als wenn du hier wärst.
Und wenn ich so drüber nachdenk,
wünsch ich mir,
dass es jetzt grad so wär.
Ich dein Lächeln sehen könnte,
wenn du es selbst nicht siehst.
Und du ohne es zu merken,
du mich zum Glück hin schiebst.

Bin ich mehr als die Summe dessen,
was mich Morgens umgibt und am Abend
umtreibt?
Mit welchem Maß wird Sein denn gemessen?
Kann denn Zwerg auch Riese sein?
Ab wann wird Zeit jäh vergessen
und Gesagtes hier zu nichts?
Spricht man nur heute noch von gestern,
weil morgen noch nicht ist?

Ende

Herstellung und Verlag:
BoD-Books on Demand, Norderstedt
ISBN: 978-3-7460-8148-9